ESSAI

SUR

L'HYPNOTISME

NOUVELLE DÉCOUVERTE

Précédé d'explications sur le Magnétisme et le Somnambulisme.

PAR C. LALLART.

SOISSONS,

IMPRIMERIE ET LITHOGRAPHIE DE ED. LALLART,

RUE DES RATS, 8.

1864.

PRÉFACE.

Le magnétisme, comme toutes les sciences, comme tous les systèmes, comme toutes les découvertes, comme toutes les religions mêmes, a eu ses partisans et ses détracteurs : S'il a encore aujourd'hui plus d'ennemis acharnés que d'âmes intrépides, il ne faut pas s'en étonner ; les phénomènes qu'il produit, bouleversent tous les systèmes philosophiques ; le charlatanisme, il faut l'avouer, s'en est aussi trop souvent emparé pour exploiter la crédulité publique.

Les uns rient et nient parcequ'ils n'ont jamais ni vu ni expérimenté ; les autres parcequ'ils ne comprennent pas, de prime abord, ou parceque ses subtilités échappent à leur théorie ; plusieurs parcequ'on a conspiré contre leur sincérité ; certains n'y croient pas parcequ'ils ont intérêt à ne pas y croire, il y a chez ces derniers un parti pris d'hostilité systématique ; ils reculeront toujours devant les faits les plus évidents, les expériences les plus concluantes, il ne nous reste donc plus qu'à les classer dans la catégorie des gens de mauvaise foi : bien d'autres prétendent encore que la vérité a toujours pour elle l'opinion générale, ceci n'est qu'un paradoxe. Lorsque Galilée laissa tomber ces trois mots : LA TERRE TOURNE, Galilée ne révolta-t il pas l'opinion générale du moment et ne tomba-t-il pas sous les coups des pouvoirs du jour ?

La terre tournait cependant alors en dépit de l'opinion, comme le magnétisme existe aujourd'hui en dépit de l'incrédulité.

Peut-on dire : telle chose n'est pas. Ce qui n'existe pas aujourd'hui peut exister demain. Il y a encore entre le ciel et la terre mille secrets inconnus ; il reste encore à l'intelligence humaine un vaste champ à parcourir ; ce qui passait autrefois pour surnaturel est reconnu aujourd'hui; ce que nous regardons comme impossible aujourd'hui pourra être expliqué demain.

Quoique ma méthode soit de la plus facile exécution, si je vous la développais à l'instant, si je vous enseignais sur-le-champ les procédés qu'il faut employer pour obtenir les phénomènes ; si je vous disais : voyez..... et expérimentez ; il ne faut pas faire usage d'une seconde vue pour croire que vous n'en ferez rien ; vous doutez, le doute ne conduit pas à l'expérimentation ; il faut donc que je travaille auparavant à détruire votre obstination et votre incrédulité ; je vais donc, avant de vous démontrer les phénomènes, tâcher de dégager le magnétisme des erreurs dont bien des personnes l'ont entouré, et vous le présenter dans toute sa simplicité : Ecoutez donc et réfléchissez ; je me charge de vous convertir à la foi nouvelle, fussiez-vous plus incrédule que saint Thomas. Cette prétention n'est pas de la présomption, elle n'existe qu'en vertu de cette loi : que

Celui qui est convaincu doit convaincre.

MAGNÉTISME

Mesmer débute en 1766 par une thèse sur l'influence des planètes ; il dit que toutes les parties de l'univers étant harmonieusement unies, que les astres étant coordonnées pour concourir à un but commun, devaient avoir une influence réciproque les uns sur les autres, et qu'en vertu de cette force qui produit leur attraction mutuelle ils exercent une influence sur les corps animés, et particulièrement sur le système nerveux, par l'intermédiaire d'un fluide subtil qui remplit tout l'univers. Toutes ces idées, direz-vous, ne sont que des hypothèses, mais à ceux qui seraient tentés de les condamner, je rappellerai que l'astrologie présente la plus grande conformité avec les vérités astronomiques, — il en est des sciences occultes comme de tant d'autres faits repoussés par les esprits forts. N'avait-on pas aussi dans le principe condamné la vapeur, l'électricité. L'intelligence de l'homme s'est cependant avancée de merveilles en merveilles. L'imprimerie se charge de transmettre à la postérité les découvertes nouvelles ; le télescope guide les observateurs dans les abîmes les plus profonds du ciel ; le microscope vous montre un Océan dans une goutte d'eau, Galvani découvre l'électricité. Un homme (comme dit Balzac) eût été logé à Charenton s'il eût dit que tous les objets ont un spectre saisissable, perceptible, et qu'ils sont à toute heure représentés dans l'atmosphère. Daguerre nous l'a cependant prouvé.

L'astronomie nous enseigne que tous les corps célestes exercent une attraction les uns sur les autres. Les planètes sont attirées vers le soleil ; le soleil soulève les mers, ce soulèvement produit les marais. La chaleur solaire pompe de la surface des mers des lacs, des fleuves, des ruisseaux, des vapeurs plus légères que l'air ; ces vapeurs forment les nuages, ces nuages sont attirés par les montagnes. Depuis la création du monde, chaque corps attire à soi tous les corps comme il en est attiré à son tour ; une correspondance générale d'attraction et de projection réciproque les unit en les divisant ; leurs sphères se soutiennent sans se choquer ; tout pèse, attire, fuit ; le moindre grain de sable attire le soleil.

Les rayons du soleil sont le principe de presque tous les mouvements qui se produisent à la surface de la terre ; ils donnent naissance aux vents, par leur action vivifiante, les végétaux sont élaborés au sein de la matière inorganique et ces êtres à leur tour alimentent les animaux. Il y a donc dans la nature affinité entre toutes choses, personne ne peut nier ces effets, et cependant le seul mot de magnétisme soulève encore aujourd'hui une tempête.— La plus incontestable des réalités est quelquefois regardée comme une imposture.

Mesmer nous dit aussi que les astres exercent une influence sur les êtres animés après la réprobation qui s'est attachée à l'astrologie — vous n'admettrez pas facilement de pareilles idées ; rien cependant n'est plus facile que de vous en convaincre : prenez seulement le *Petit Traité de Physique popularisée* (LES POURQUOI ET PARCE QUE), et lisez : « Pronostics tirés du soleil et de la lune, et en

« général des êtres organisés et inorganisés : signes de
« beau temps quand le soleil à son lever est clair et bril-
« lant, signe de pluie quand les nuages disparaissent
« après le lever du soleil, etc. »

MAUVAIS TEMPS.

L'économie de l'homme et des animaux est affecté
sensiblement des variations de l'atmosphère dans son état
de densité, d'humidité, de température et d'électricité.
A l'approche du mauvais temps, les rhumatismes, les
anciennes blessures, les cors aux pieds renouvellent leur
douleur, les animaux aquatiques s'élèvent sur leurs pattes,
les hirondelles volent très-bas, les coqs chantent le soir,
l'araignée fileuse ne suspend sa toile qu'à des fils très-
courts, etc., etc.

Nous croyons maintenant à l'astrologie, ou plutôt,
comme ce mot est condamné, ne l'admettons pas; mais
contentons-nous de penser que les plus incrédules ne
pouvant se refuser de croire à la physique, conviendront
avec nous que la situation des astres influe sur le temps,
le temps sur le système nerveux.

Examinons maintenant le magnétisme au point de vue
physique. Le fluide lumineux paraît répandu partout,
et dans tous les corps. Il ne s'agit que de le mettre en
action pour l'apercevoir ; c'est la chaleur et le frottement
qui déterminent cet effet. Tout le monde sait qu'une
serviette blanche frottée dans l'obscurité produit des
étincelles. Les vers luisants renferment une matière fluide
de la nature du phosphore qu'ils font sortir volontaire-
ment. Si l'on touche avec les doigts les organes électriques

d'une torpille on n'éprouve aucune décharge; si l'on irrite sa peau, la décharge qui a éveillé la sensibilité est immédiate, c'est donc sous l'influence propre de la volonté que ses organes sont électrisés. La torpille est donc un animal produisant de l'électricité à volonté, comme l'homme produit du Mesmérisme. Et quand on voit cet animal frapper à distance sa proie, il faut bien croire au magnétisme à distance.

Le fluide lumineux est-il aussi répandu dans l'homme? Oui.

Lorsqu'on se frotte l'œil avec le doigt, on aperçoit des étincelles; — tout le monde sait qu'il s'exhale des corps qui se réduisent en putréfaction des gaz de diverses natures. — Les physiciens reconnaissent que les corps en combustion produisent de la lumière absolument pareille à celle du soleil.

Il est incontestable que le fluide est répandu dans tous les corps; savoir le mettre en jeu, est ce qu'on appelle communément savoir magnétiser. Les magnétiseurs reconnaissent que, par une volonté ferme aidée de l'emploi de certains moyens, on peut élever l'action magnétique à une très-grande puissance; mais il faut vouloir, et la volonté est une faculté qui s'acquiert par l'exercice comme les autres facultés. Nous reconnaîtrons donc que, puisque les êtres animés exercent une influence les uns sur les autres et que par la volonté on peut diriger cette action, on peut donc causer dans l'organisme des perturbations importantes. Un individu a de la vie en moins, on lui communique le fluide, sa vie s'élève à la vie normale. S'il a de la vie en plus on lui en retire; car il est prouvé que quand un corps renferme plus de calorique qu'un autre, il en cède par la communication à celui qui en a le moins.

Le fluide magnétique est, dit-on, susceptible de courants, qui ont pour origine la volonté divine, humaine ou animale. Cette impulsion de la volonté donne des courants aussi variés qu'il y a de diversité dans la nature de de l'impulsion.

Nous ne pouvons admettre ce fait sans reconnaître aussi le fatalisme. Le sujet ne disposant plus de son libre arbitre nous en offre l'image. Si ceux qui veulent le nier voulaient se donner la peine de réfléchir, ils le reconnaîtraient de suite. Ne voyons-nous pas dans les rêves, une idée nous ravir l'empire de notre volonté, s'emparer de notre organisation, substituer sa volonté à la nôtre nous ravir le libre arbitre; et dans le somnambulisme naturel dépend-il de nous d'agir de telle ou telle façon; nous est-il possible de résister à l'influence de l'action que nous commettons; et dans les maladies où la science convient que l'idée fixe devient quelquefois une possession très-réelle plus ou moins absolue, et parfois même incurable, puisqu'une simple idée peut nous dominer à ce point; pourquoi la volonté, cette substance infinie, la volonté, ce bel apanage de l'humanité, la volonté, cette première puissance sur la terre après Dieu n'opérerait-elle pas de plus grands prodiges encore !

SOMNAMBULISME.

Le somnambulisme est toujours regardé par les ignorants comme étant le but du magnétisme, tandis qu'il n'est qu'un de ses effets. On peut magnétiser sans déterminer le somnambulisme ; comme on peut amener le somnambulisme sans user du magnétisme, nous allons nous occuper maintenant des faits phychologiques que détermine ce merveilleux état de l'âme. Parmi ces phénomènes l'un des plus utiles est l'insensibilité absolue des organes, qui est d'un précieux secours, non-seulement pour les opérations graves et douloureuses, mais encore pour les mille petits maux de la vie, dont on voudrait bien s'affranchir. On peut expliquer l'insensibilité par la concentration de toutes ses forces sur un seul point, naturellement les autres perdent en sensibilité ce qu'un seul acquiert en raison inverse.

Le sommeil va nous apparaître maintenant avec son merveilleux cortége de phénomènes extraordinaires les rêves, la vue à distance, visions célestes, communications avec les esprits....

Nous allons commencer par l'examen des phénomènes les plus naturels.

RÊVES ARTIFICIELS.

Nous savons que l'imagination est cette faculté de l'âme qui nous retrace les objets absents, nous avons en nous, comme dit Fénélon, des images distinctes de tous les corps de l'univers qui ont frappé nos sens depuis nombre d'années. Les rêves ne sont que les images tracées dans notre cerveau, la puissance de l'imagination est sans limites ; elle embrasse tout... elle est infinie comme Dieu ! Dans l'état normal.

elle ne nous présente pas les objets d'une façon lucide, palpable ; dans le rêve, au contraire, non-seulement l'idée se matérialise ; mais il n'est même personne de nous qui, parfois, n'ait éprouvé sa supériorité sur la réalité.

Pendant le sommeil, l'homme le plus illettré devient poète. Ne nous est-il pas arrivé de trouver parfois dans cet état la solution du problème le plus difficile ; de parcourir ou plutôt de composer en un quart-d'heure un ouvrage que nous n'aurions pu lire en deux jours, tant l'âme humaine a la faculté d'anéantir ou d'étendre le temps. Ne nous est-il pas arrivé aussi de revoir, d'une manière lucide, une personne que nous n'aurions jamais pu nous représenter à l'état de veille ? Oui, nous reconnaissons tous ces effets et bien d'autres encore. Ce n'est donc pas la réalité du phénomène qui nous étonne : c'est sa manifestation, comme si tout dans la nature ne se reproduisait pas artificiellement ; il n'est pas d'effet sans cause : amenons la cause, nous déterminerons l'effet, observons et expérimentons. L'observation consiste, dans l'examen des phénomènes spontanés, l'expérience dans celui des phénomènes provoqués.

VUE A DISTANCE.

Voilà que la limite est franchie ! Voilà une vie nouvelle qui va nous apparaître ! Etat merveilleux où l'homme paraît obéir à d'autres impulsions, où il voit sans le secours des yeux, entend sans le secours des oreilles. Etat incompréhensible où l'âme abolit les limites de son enveloppe corporelle. Astre éblouissant, elle rayonne dans l'espace, et de même que lorsque nous étions sur une montagne, nous voyions des choses que nous n'avions pas aperçu dans la plaine ; de même lorsque l'âme est abstraite des sens, dégagée de ses liens, elle plane vers ces régions qui ne sont pas encore le ciel, mais qui en approchent, d'où elle entend ses concerts, en entrevoyant ses splendeurs ! De cette hauteur, pour elle plus d'espace, plus de temps, le passé, l'avenir, se concentrent dans le présent, l'infini se réduit en un point !

Voilà la vue à distance !

La science ne se déconcerte plus aujourd'hui à cette seule idée que sous l'influence de certains agents extérieurs, l'âme peut se dégager plus ou moins des organes, et manifester des facultés inconnues, les médecins reconnaissent la propriété qu'ont certaines personnes dans leurs maladies de déchiffrer une lettre à distance avec le pied, la main, l'estomac.

Nous reconnaissons tous que dans une réunion, une personne maussade et ennuyeuse, en bâillant peut à volonté, et même à son insu, répandre dans l'air un miasme contagieux, qui change en ennui l'abandon et la joie : Mais qu'un magnétiseur nous dise qu'il peut, par l'onction d'une volonté cultivée, opérer la transmutation apparente des substances alimentaires, de manière à faire penser à une personne qui boit un verre d'eau, qu'elle boit un verre de vin ; nous n'aurons garde d'y croire.

Nous ne voyons le monde que par les idées qui nous le représentent. Si nous sommes sensibles au bien et au mal, c'est parce qu'il y a en nous des sensations analogues aux principes de la nature. Présentez à un malade son mêts favori, il le rejettera, car il le trouvera sans saveur ; qu'il retrouve en songe ce mêts de prédilection, il lui semblera au contraire de très-haut goût : ce qui prouve que la moitié de tout, est en nous. Nous recevons l'impression du monde extérieur ; tous les corps de l'univers sont reproduits dans notre cerveau. Toutes les images saisies par le daguerréotype sont tracées en nous, avec leurs infiniments petits, d'une manière même beaucoup plus distincte. Examinons avec un microscope le plus petit animal photographié, nous y trouverons une espèce d'infini qui nous surprendra ; que ne verrions-nous pas si nous pouvions subtiliser de plus en plus les instruments. Nous pouvons suppléer par l'imagination à ce qui leur manque.

Nous ne verrions rien dans un microscope, si nous n'avions pas en nous ce qui y répond ; cet instrument serait également impuissant à présenter des merveilles qui n'existeraient pas. Il faut donc convenir que nos facultés naturelles sont bien aussi merveilleuses ; que l'imagination, qui est la première de ces facultés, peut se subdiviser bien plus que les instruments les plus remarquables ; appliquons donc ce microscope moral sur toutes les images de notre cerveau ; il nous présentera mille mondes nouveaux, nous découvrirons dans le plus petit organe d'un infiniment petit, mille merveilles inconnues ; nous lirons l'intérieur des corps et nous y verrons l'être moral aussi nettement que l'œil charmé voit l'être physique.

Parler une langue inconnue n'est pas un fait plus extraordinaire ; que la disposition naturelle que nous pouvons avoir aux langues, aux sciences, aux arts ; la disposition est le germe, le phénomène est le germe développé par les facultés du sommeil, il n'y a qu'une différence de degré dans le développement de la même faculté.

La communication de l'âme avec les esprits n'est pas plus

inadmissible que les rapports des âmes entre elles, il y existe des êtres inférieurs, il doit y avoir des êtres supérieurs. Nous savons qu'il y a la plus grande affinité entre ceux qui ont été, et ceux qui sont, puisque l'air absorbe les produits de leur destruction, que l'air nourrit les plantes ; que les plantes nourrissent l'homme. Le monde moral est taillé sur le patron du monde physique Nous savons qu'un homme est représenté par une image dans l'atmosphère ; de même que les corps disparaissent de ce monde en laissant subsister ce spectre dans l'air ; de même toutes les idées s'y impriment et y produisent des phénomènes. C'est une vérité incontestable, dit un célèbre docteur, que des idées voltigent autour de nous, semblables à des insectes qu'on voit tourbillonner par milliers par une belle nuit d'été. Les idées voltigeantes admises par la science nous font croire aux esprits qui en sont la conséquence.

Nous croyions à l'existence d'un monde spirituel, ou du moins nous l'imaginons. Supposer que l'imagination puisse en créer plus que Dieu n'a pu en faire, serait une impiété. Nous sommes du reste obligés de reconnaître que, puisque l'imagination existe, ses créations sont bien réelles. Rappelons-nous aussi qu'il y a des principes qui répondent à toutes nos idées, et qu'avoir une idée dont l'objet n'existerait pas, serait créer en dehors de la nature.

DEUXIÈME PARTIE.

ESSAI SUR L'HYPNOTISME
ou
AUTOMAGNÉTISATION

Méthode explicative.

SUJET ENDORMI SANS LE SECOURS D'UN MAGNÉTISEUR.

Il ne s'agit plus ici du baquet de Mesmer, ni des manipulations ordinaires des magnétiseurs ! mais bien d'un moyen plus simple, plus prompt, plus facile et à la portée de tout le monde. Si je vous ai parlé du fluide magnétique, c'est parce que j'ai voulu auparavant établir dans vos esprits son existence, que bien des personnes ont voulu nier par cela seul qu'ils se sont aperçus, qu'on pouvait sans évoquer un fluide, obtenir tous les phénomènes du magnétisme ; il faut reconnaître cependant que la puissance exercée dans le magnétisme sur un autre, peut aussi s'exercer sur soi-même ; une constante concentration de la volonté produit les phénomènes connus sous le nom d'extase.

Il y a quatre ans, à Paris, un médecin découvre qu'on produit le sommeil et l'insensibilité chez un sujet en lui faisant regarder un objet brillant ; on s'émeut, on s'agite, on expérimente dans les salons : ces faits sont réels, on les a vus positivement se produire, on les a observés, et après mille efforts pour en être témoins, on a nié leur existence ! Il ne faut pas s'en étonner, c'est la suite inévitable de l'inconstance humaine. On brûle aujourd'hui ce qu'on adorait hier. Les tables ont aussi ému le monde entier ; quelque temps après, des millions d'hommes reconnaissent s'être trompés, les tables n'ont ni bougé, ni parlé. On ne les anathémise pas moins, parcequ'elles ont dit parfois être le diable. O inconséquence humaine !

Oui, l'hypnotisme qui n'était qu'à son enfance, puisqu'on n'avait découvert encore que le sommeil et l'insensibilité, fut condamné comme le magnétisme. Si cependant le sujet, au lieu de concentrer toutes les forces de son individualité sur un objet, l'eût concentré sur une personne, on eut subitement été témoin des phénomènes du somnambulisme. Laissez-là donc cet objet brillant qui n'a seulement pas besoin d'avoir cette qualité d'être pour endormir ; puisque le sommeil n'est que la concentration de toutes les facultés du sujet : Soumettez-vous à une personne qui, par sa volonté et l'intelligence départie à l'homme seul, dirigera, guidera votre sommeil. Vous obtiendrez les plus beaux résultats.

Je vais tâcher d'indiquer, le plus simplement que je pourrai, les procédés qu'il faut employer pour l'obtention des phénomènes hypnotiques ; si vous ne vous écartez en rien de mes instructions, vous réussirez toujours infailliblement.

Prenez un enfant de l'âge de huit à treize ans, ou mieux une jeune fille d'une nature délicate et sensible ; placez-la en face de vous, ou de votre portrait si vous voulez ; qu'il lui tienne lieu d'objet brillant, vous le tiendrez à une distance de 40 ou 50 centimètres de ses yeux, et vous le recommanderez de le regarder avec le moins de vacillation possible dans le jeu des paupières, car la fixité du regard est la circonstance qui a le plus d'importance : il faut encore que le sujet soit recueilli, concentré, qu'il écarte toute autre pensée, et qu'il ait surtout la ferme volonté de dormir. Le plus grand calme est nécessaire à l'obtention comme à la manifestation du phénomène. — Lorsque vous aurez maintenu votre sujet pendant cinq à six minutes, dans la position décrite ci-dessus, et que vous verrez ses paupières se fermer avec une sorte de vibration, vous lui demanderez s'il commence à dormir ; sur sa réponse affirmative, vous lui intimerez l'ordre de dormir tout-à-fait ; et, lorsqu'à cette question : — « Dormez-vous tout-à-fait » — il aura répondu de nouveau affirmativement, votre sujet sera hypnotisé. Vous pourrez, du reste, vous en assurer par son insensibilité, il faut que vous puissiez le pincer jusqu'au sang, sans qu'il éprouve la moindre douleur. Dans cet état d'absorption complète, vous pourrez, à votre gré, le faire rire, pleurer, chanter, etc... Il vous suffira de parler pour lui faire exécuter les choses les plus contraires à ses goûts. Votre domination serait telle que, si vous lui disiez de prendre un poignard, et de s'en frapper, il n'hésiterait pas ; vous obtiendrez les phénomènes phycologiques les plus remarquables. Si le sujet est lucide, il vous désignera, les yeux fermés, les personnes qui se trouveront derrière lui, les objets que les spectateurs auront dans leur poche. Pour obtenir tous ces faits, vous n'aurez qu'à parler. Le sujet, une fois endormi, passe instantanément d'un état à un autre. Lorsque vous voudrez le retirer de ce sommeil magique, il vous suffira de lui dire simplement : — « Réveillez-vous ! »

Le plus souvent, le sujet n'entend que la personne sur laquelle son imagination s'est concentrée. Si vous voulez le mettre en rapport avec d'autres, vous n'aurez qu'à lui dire : — « Entendez M. X..., je le veux. »

Quoique le sujet paraisse, comme dans le magnétisme, recevoir sa force d'une impulsion étrangère, la relation qui paraît exister entre le somnambule et le prétendu magnétiseur, n'est que le résultat d'une idée dominante qui possédait l'esprit au moment où il est entré dans son sommeil artificiel, et qui continue à l'influencer. Cessant alors toute relation avec le monde extérieur pour se concentrer dans l'être sous l'action duquel il se croit, le sujet naturellement doit rester sous sa domination ; celui-ci peut alors user de sa volonté pour le guider ; là, la similitude qu'il revêt avec ces pensées qui, après avoir absorbé le jour, dominent la nuit votre sommeil.

Ne croyez pas toutefois qu'en expérimentant avec un seul sujet, vous allez de suite obtenir tous les phénomènes mentionnés plus haut ; non, les effets varient suivant les aptitudes du sujet. La vue à grande distance surtout est une faculté qui ne s'acquiert à la longue que par l'exercice. Les conditions les plus indispensables pour assurer la réussite en société, c'est d'avoir à sa disposition un certain nombre de sujets ; car nous savons que l'hypnotisme n'agit pas sur tous les individus, l'apititude à recevoir l'action est plus ou moins grande chez certaines personnes, très-faible chez d'autres. Lorsqu'un sujet est bon, on parvient après plusieurs essais à l'endormir à la seconde. Tous les sujets se réveillent instantanément, même ceux qui se soumettent le plus difficilement.

Ceux qui se prêtent le plus facilement aux expériences sont les natures nerveuves, délicates. On peut quelquefois actionner les personnes âgées pourvu qu'elles soient d'une nature sensible.

Lorsque l'état somnambulique aura été ainsi provoqué plusieurs fois, le sujet pourra s'endormir seul s'il s'absorbe en lui-même, au lieu de se concentrer devant une personne ou une image quelconque. Il cesserait alors d'être sous la domination d'une influence étrangère ; maître de sa faculté volitive, il pourra s'endormir et agir à son gré pendant le sommeil. Jugez combien cette découverte peut être utile au bien de l'humanité... Pouvoir à toute heure du jour et de la nuit se plonger dans un sommeil artificiel, se rendre insensible aux souffrances les plus aiguës, se mettre en extase, entrer dans une vie nouvelle, prestigieuse, pleine d'enchantements, éprouver des jouissances incroyables au-dessus de tout ce que la vie physique peut offrir de désirable, produire des chefs-d'œuvres artistiques (1), et ensuite faire cesser à volonté ce sommeil étrange. Cet état sera toujours permanent dans la santé la plus florissante.

Il est vrai que l'hypnotisme ne paraît agir que sur certaines femmes, certains enfants ; cependant ceux qui auront acquis cette faculté dans la jeunesse, et qui la cultiveront, la conserveront dans l'âge le plus avancé.

L'hypnotisme et ses merveilleux effets offrent des avantages sur les phénomènes provoqués par le magnétisme. Tout le monde n'est pas magnétiseur chacun peut déterminer l'hypnotisme. — L'action magnétique n'amène que très-rarement le

---

(1) Tous les sujets susceptibles d'être endormis par l'hypnotisme en joignant à cette faculté, la faculté du somnambule, pourront donner aux arts et aux sciences un développement considérable.

le somnambulisme, l'hypnotisme le produit chaque fois. — On parvient très-difficilement à retirer de son sommeil paisible un somnambule magnétique, il faut pour cela employer une infinité de passes inverses qui fatiguent extrêmement le magnétiseur et son sujet ; le sujet endormi par l'hypnotisme se réveille instantanément. — Enfin, on ne se soumet pas facilement au pouvoir d'un magnétiseur ; on redoute toujours une puissance étrangère : personne, au contraire, n'a rien à craindre de sa propre influence...

Le meilleur moyen de convaincre est de vulgariser les faits, de les mettre en pratique, d'appeler les incrédules, les douteurs, les indifférents, à voir, à toucher, puis à produire les phénomènes nouveaux. Nous savons qu'il en est, qui ne manqueront pas de manifester leurs craintes, ne craignez-vous pas, diront-ils, que cette force si puissante pour faire le bien, ne soit employée aussi à faire le mal ? Ce à quoi je leur répondrai que personne de nous ne s'est avisé de trouver la vie mauvaise, par cela seul, qu'on en pouvait faire mauvais usage ; l'homme étant libre, tout ce qui augmente sa puissance, augmente aussi sa capacité pour le bien comme pour le mal. Son devoir est cependant d'atteindre le plus haut degré de perfectibilité désirable que comporte sa nature.

L'église catholique nous commande le recueillement dans la prière pour nous mettre mieux en rapport avec Dieu ; une personne hypnotisée voit le ciel s'ouvrir devant elle, voit Dieu, et les anges ; il n'y a là qu'une différence de degré produite par la plus grande concentration, par la plus grande énergie de sa volonté, ne voyons donc là que l'effet d'un recueillement plus grand.

Le mal est le mot, qu'on aurait pu opposer à toutes les découvertes, le mal est l'attribut inévitable de tout être fini ; ne cherchons pas à le supprimer, nous n'y parviendrions pas, car c'est le mal qui contribue à la beauté et à la perfection du bien. La vertu brille à côté du vice, la générosité près de l'avarice, la beauté près de la laideur; la lumière n'éblouit qu'au sortir des ténèbres : on jouit bien mieux après avoir souffert; Dieu lui-même partage mon avis puisqu'il dit : « qu'il y a plus de joie au ciel pour un pécheur qui se convertit, que pour trente-six justes qui persévèrent; » excellente preuve que le ciel même se lasse des meilleures choses; lorsque le mal ne vient pas faire diversion.

Le magnétisme renverse l'athéisme, constate le spiritualisme, démontre clairement les vérités de la religion en présentant des résultats d'une évidence palpable; qu'on le mette à la portée de tous, et vous verrez l'athée s'incliner devant des faits qui prouvent l'immortalité de l'âme. On peut prouver à ceux qui ne croient pas à son existence, parcequ'elle est soumise aux altérations de la matière, qu'elle voit sans le secours des yeux, entend sans le secours des oreilles. « La seconde vue, dit le « révérend père Lacordaire, est un des restes de la puissance « adymique demeuré chez l'homme pour attester la miséricorde « divine ; et nous être une preuve qu'en chassant la créature « de l'Eden, il n'a pas voulu la dépouiller entièrement de son « empreinte céleste »

Il est vrai que nous n'avons pas tous la faculté du voyant, mais il nous est toujours possible de la déterminer chez les autres. Procurons-nous un sujet lucide, il nous rapportera quelque chose de ce monde inconnu. Il aura le privilége de faire passer dans nos âmes son exaltation, son enthousiasme. Ses impressions réagiront sur ces talents, il nous les transmettra encore par ce moyen. La vie de l'homme doit être une vie de charité : donner et recevoir, c'est l'aspiration et la respiration de son être. C'est ainsi que tout est lié dans la nature par une chaîne admirable, qu'un corps dépend d'un autre corps, et lui est utile à son tour ; tout s'enchaîne par cette loi de l'Eternel qui nous crie :

« Mortels, aidez-vous mutuellement de vos lumières; tendez les
« uns vers les autres, sans vous écarter de la sphère où vous a
« placé ma Providence ; cet ordre est établi pour votre bonheur
« comme pour le monde et l'univers ! »

C. LALLART.

SOISSONS,
IMPRIMERIE ET LITHOGRAPHIE DE ED. LALLART,
RUE DES RATS, 8.

www.ingramcontent.com/pod-product-compliance
Lightning Source LLC
Chambersburg PA
CBHW070536050426
42451CB00013B/3038